Entdecke deine Welt

Alles über unsere Erde

Inhalt

Entdecke deine Welt

Alles über unsere Erde

Illustrationen: Mar Ferrero

Grafische Gestaltung:
Francesca Allen und Kirsty Tizzard

Text: Felicity Brooks

Unsere Welt

Unsere Welt ist ein Planet, den wir die Erde nennen.
Die Erde sieht aus wie ein riesiger Ball.
Aus dem All sieht sie ungefähr so aus.

Die grünen Flächen sind Land. Das Land ist in verschiedene Kontinente unterteilt.

Europa ist einer der Kontinente auf unserer Erde. Es gibt sechs weitere Kontinente.

Nord-amerika

Europa

Die blauen Flächen sind Ozeane. Dieses ist der Atlantische Ozean.

Afrika

der Äquator

Süd-amerika

Die Kontinente Australien und Asien sind auf diesem Bild nicht zu sehen, da sie sich auf der anderen Seite der Erde befinden.

Antarktis

Die rote Linie zeigt den Äquator an, der in der Mitte um die Erde herum verläuft. Die Linie sieht man nicht. Sie ist eine gedachte Linie.

Wo auf dieser Welt lebst du?

Die Kontinente sind in ungefähr 200 Länder aufgeteilt.
Weißt du, in welchem Land du lebst?

Vielleicht lebst du in einem kleinen
Haus in einer kleinen Straße.

Deine Straße ist vielleicht in einer
kleinen Stadt.

Diese kleine Stadt befindet sich
mit vielen anderen großen und
kleinen Städten in einem Land.

Dieses Land gehört vielleicht wie
viele andere Länder zum Kontinent
Europa.

Europa ist einer von sieben
Kontinenten auf dem Planet Erde.

Die Erde ist einer von acht Planeten,
die sich um unsere Sonne drehen.

Was gibt es in unserer Welt?

Manche Dinge in unserer Welt sind von uns Menschen erschaffen. Andere sind von der Natur gemacht. Diese sind natürlich, wie die Dinge auf dieser Seite.

Welche Wörter
kennst du schon?

der Regenwald

der Vulkan

das Grasland

der Wald

die Höhle

die Wüste

der Eisberg

das Gebirge

das Meeresufer

Diese Dinge haben Menschen geschaffen. Sie sind künstlich.

die Fabriken

die Städte

die Bauernhöfe

die Häfen

Was meinst du, welche dieser Dinge sind natürlich entstanden oder künstlich erschaffen?

Die Antworten findest du auf Seite 32.

das Blatt

die Mütze

das Buch

der Knopf

der Becher

der Stein

die Feder

die Muschel

Das Wetter

Das weltweite Wetter wird von der Sonne, der Luft und dem Wasser beeinflusst.

Wenn die Luft sich schnell bewegt und in Böen weht, dann ist es windig.

Wenn der Himmel klar ist, kann die Sonne auf die Erde scheinen und es ist sonnig und warm.

Wenn es sehr kalt ist, gefrieren die Regentropfen zu Schneeflocken. Es schneit.

Wenn sich Wassertropfen in den Wolken bilden und dann auf die Erde fallen, dann regnet es.

Bei starkem Wind und Regen ist es stürmisch. Manchmal blitzt und donnert es auch.

Es ist neblig, wenn feine Wassertröpfchen in der Luft die Sicht behindern.

Wie entsteht Regen?

Alles Wasser auf der Erde kommt vom Regen oder Schnee. Es ist immer dasselbe Wasser. Es kommt niemals neues Wasser hinzu.

die Wolke

Auf dieser Seite siehst du, warum es regnet. Man nennt das den Wasserkreislauf.

die Sonne

3. Die Tröpfchen sammeln sich zu Wolken. Oben in der Luft kühlen sie ab. Dann fallen sie als Regen auf den Boden und in Flüsse und Seen.

2. Das Wasser verdunstet. Dabei bilden sich kleine Tröpfchen, die nach oben steigen.

1. Die Sonne erwärmt das Wasser in Flüssen, Seen und Ozeanen.

der See

das Meer

4. Die Flüsse fließen zurück ins Meer.

der Fluss

der Boden

Die Jahreszeiten

Mit den Jahreszeiten wechselt das Wetter. In den Tropen sind das die Trockenzeit und die Regenzeit. Da wo es kälter ist, wie in Europa, gibt es vier Jahreszeiten.

Frühling

Sommer

Im Frühling wachsen die Pflanzen und Tiere bekommen Junge. Vögel bauen ihre Nester, legen Eier und füttern ihre Küken, wenn sie geschlüpft sind.

Der Sommer ist die wärmste Jahreszeit. Bäume tragen viele Blätter, Blumen blühen und an den Sträuchern und Bäumen reifen Früchte heran.

die Schwalben

Wenn es kühler wird, fliegen einige Vogel- arten in wärmere Regionen der Erde. Diese Vögel nennt man Zugvögel.

Herbst

Winter

Im Herbst bereiten sich manche Tiere auf den Winter vor und legen Vorräte an. Viele Bäume verlieren ihr Laub und Pflanzen hören auf zu wachsen.

Der Winter ist die kälteste Jahreszeit, in der nur wenige Pflanzen wachsen. Manche Tiere halten Winterschlaf und schlafen bis zum Frühling durch.

11

Der Fluss

Flüsse tragen Regenwasser und geschmolzenen Schnee aus den Bergen hinunter bis zum Meer.

Versuche dir die Dinge zu merken, an denen der Fluss vorbeifließt. Dann decke die Wörter mit der Hand ab und benenne sie.

das Gebirge

Wenn der Schnee im Gebirge schmilzt, fließt das Wasser in Bächen talwärts.

der Hügel

der Bach

das Tal

Mehrere Bäche fließen manchmal zu einem Fluss zusammen.

Je weiter sich der Fluss in Richtung Meer schlängelt, umso breiter wird er.

der Wasserfall

Wer lebt hier?

Flüsse bieten Lebensraum für viele Vögel, Fische
und andere Tiere. Kennst du die Namen dieser Tiere?
Die Antworten stehen auf Seite 32.

a)

b)

c)

d)

e)

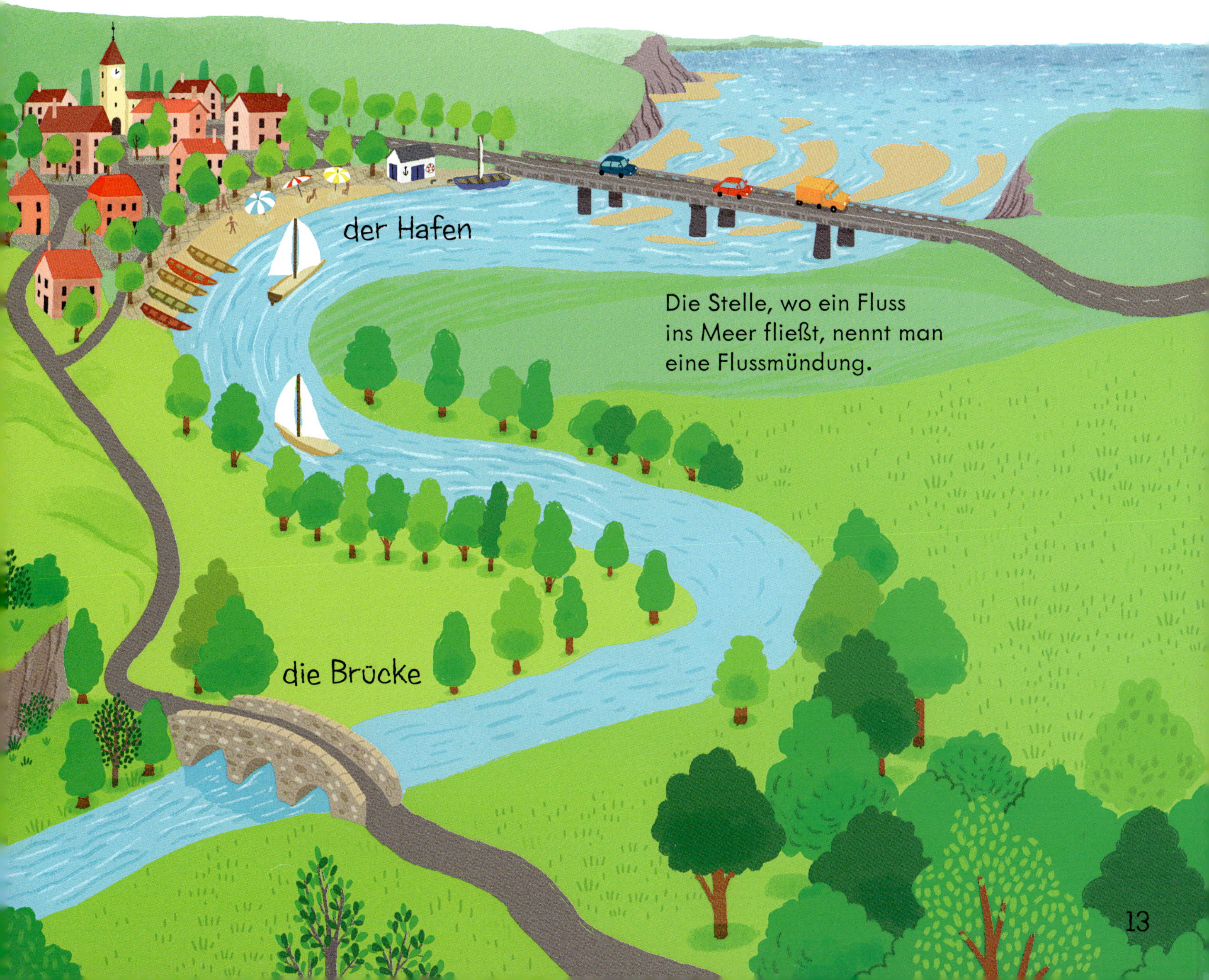

der Hafen

Die Stelle, wo ein Fluss
ins Meer fließt, nennt man
eine Flussmündung.

die Brücke

Die Meere und die Ozeane

Beinahe drei Viertel der Erde sind mit Meeren und Ozeanen bedeckt. In diesen Gewässern leben faszinierende Tiere und Pflanzen.

die Möwen

Diese Insel ist die Spitze eines Berges. Der größte Teil liegt unter Wasser.

der Oktopus

die Meeresschildkröte

der Tintenfisch

ein Schwarm Fische

der Rochen

Die Ozeane

Es gibt fünf große Ozeane. Lies die Namen und decke sie dann mit der Hand ab. Welche Namen hast du behalten?

Arktischer Ozean

Atlantischer Ozean

Pazifischer Ozean

Indischer Ozean

Antarktischer Ozean

der Delfin

die Qualle

der Hai

Das Korallenriff

In den warmen Ozeanen leben Korallen.
Sie sehen aus wie Pflanzen, sind aber
Meerestiere. Sie bilden Korallenriffe.

In Korallenriffen leben
unzählige Fische und
andere Tiere.

Verschiedene Korallenarten

Diese Korallen wachsen im größten Riff der Welt vor der Küste Australiens. Es heißt das Great Barrier Reef.

Die abgebildeten Korallen heißen: Blasenkoralle, Seefächer, Hirnkoralle, Dornenkronenkoralle. Welcher Name gehört zu welchem Bild? Die Lösung gibt's auf Seite 32.

a)

b)

c)

d)

Taucher schwimmen zu den Riffen, um die faszinierenden Korallen und Fische zu beobachten.

Der Regenwald

Die tropischen Regenwälder erstrecken sich längs des Äquators. In diesen heißen Gebieten regnet es fast jeden Tag.

Einige Bäume wachsen höher als die anderen. Sie bekommen das meiste Sonnenlicht.

Diese Bäume wachsen dicht zusammen und bilden ein Blätterdach, das Schatten spendet.

Tiere können sich im Dickicht der Bäume und Pflanzen oberhalb des Waldbodens gut verstecken.

Durch das Blätterdach erreicht kaum ein Sonnenstrahl den Waldboden. Hier ist es dunkel und windstill.

Wo leben diese Tiere?

Diese vier Tiere bewohnen verschiedene Regionen des größten Regenwaldes im Amazonasbecken in Südamerika.

Vögel wie dieser Ara fliegen im Sonnenschein über die Baumwipfel hinweg.

Faultiere bewegen sich sehr langsam in den Bäumen und berühren selten den Boden.

Schlangen gleiten auf dem Boden entlang und hoch in die Bäume, um Futter zu suchen.

Scheue Tiere wie dieser Jaguar verstecken sich im schattigen Unterholz.

19

Die Wüste

Eine Wüste ist ein Gebiet, in dem es selten regnet. In der Wüste kann es tagsüber glühend heiß und nachts eiskalt sein.

Diesen Sandberg nennt man eine Sanddüne.

In manchen Wüstengebieten stehen bizarr geformte, zerklüftete Felsen.

Eine Oase ist eine Wasserstelle in der Wüste, wo Pflanzen wachsen.

Für Tiere ist das Leben in den heißen, trockenen Wüsten nicht einfach. Diese drei Tierarten schaffen es trotzdem.

Diese Eidechse verkriecht sich während der heißesten Stunden des Tages in ihrem kühlen Bau.

Ein Kamel kann vier Wochen ohne Wasser auskommen. Im Höcker ist Fett gespeichert.

Der Wüstenfuchs hat sehr große Ohren, mit denen er seinen Körper kühl hält.

Das Grasland

Eine große Landfläche, die überwiegend mit Gras bewachsen ist, nennt man Grasland. Hier sind einige Tiere, die im afrikanischen Grasland leben.

der Leopard

die Giraffe

das Zebra

das Flusspferd

der Löwe

Decke die Namen mit der Hand ab. Kannst du alle Tiere richtig benennen?

Die Arktis und die Antarktis

Die Gebiete um die Pole herum heißen Arktis und die Antarktis. Hier gibt es immer Schnee und Eis, aber einige Tiere können in der Kälte überleben.

die Arktis

die Antarktis

Was haben alle diese Tiere gemeinsam?

die Schnee-Eule

der Eisbär

der Polarfuchs

der Polarhase

das Sattelrobbenbaby

Pinguine in der Antarktis

Die Antarktis bewohnen Millionen von Pinguinen. Sie leben in großen Gruppen zusammen, die man Kolonien nennt. Hier siehst du fünf verschiedene Arten.

Kaiserpinguine sind die größten Pinguine. Sie werden ca. 1 m groß.

Die Eltern der Kaiserpinguine halten das Ei auf ihren Füßen warm, bis das Küken schlüpft.

der Kaiserpinguin

Felsenpinguine sind die kleinsten Pinguine. Sie werden ca. 50 cm groß.

der Felsenpinguin

der Eselspinguin

der Zügelpinguin

der Goldschopfpinguin

Die Welt der Menschen

Die meisten Menschen leben nicht in Wäldern, Wüsten oder anderen Naturgebieten. Sie leben in Dörfern oder Städten. In einer Stadt gibt es viel zu entdecken.

Was gibt es in der Stadt, in der du wohnst?

Heute Premiere
Romeo und Julia

FREIWILLIGE FEUERWEHR

POLIZEI

das Theater

die Feuerwache

die Polizeistation

POST

Offen

Briefe

das Museum

die Post

der Bahnhof

der Spielplatz

KRANKENHAUS

die Schule

das Krankenhaus

das Café

die Stadtbücherei

das Geschäft

Weltkarte

Hier ist eine Karte der ganzen Welt.
Weißt du, wo du lebst?

Präge dir die Namen aller
Ozeane und Kontinente
ein. Decke die Namen ab.
Kannst du sie aufsagen?

Arktischer
Ozean

Asien

Pazifischer
Ozean

Australien

Indischer Ozean

Antarktis

Europa

Afrika

Antarktischer Ozean

Nordamerika

Atlantischer
Ozean

Südamerika

Norden

Westen

Osten

Süden

Unsere Welt – Quizfragen

Kannst du die folgenden Fragen über unsere Welt beantworten? Blättere das Buch ruhig noch einmal durch. Die Antworten findest du auf Seite 32.

1. Welche Dinge sind von Menschen künstlich geschaffen?

a) der Vulkan   b) die Fabrik   c) die Höhle   d) die Stadt   e) der Eisberg

2. Welche Tiere leben in oder nahe bei einem Fluss?

a) der Eisvogel   b) der Lachs   c) der Oktopus   d) das Kamel   e) der Otter

3. Ordne die Bilder den vier Begriffen zu.

Gewitter
Nebel
Schnee
Sonnenschein

a)   b)   c)   d)

Suchspiel

Findest du diese Dinge im Buch wieder?

die Meeresschildkröte   die Feuerwache   die Qualle   der Bauernhof

der Ara   der Frosch   die Hirnkoralle   der Hai

Wo leben diese Tiere?

Erinnerst du dich, wo diese vier Tiere leben?
Du kannst das Buch ruhig noch einmal durchblättern.

der Wüstenfuchs   der Kaiserpinguin   das Zebra   der Rochen

Alle Antworten findest du auf Seite 32.

Glossar

die Antarktis: das Gebiet um den Südpol herum; auf dem Kontinent ist es so kalt, dass alles mit Schnee und Eis bedeckt ist

der Äquator: eine gedachte Linie, die einmal um die Mitte der Erde verläuft

die Arktis: das Gebiet um den Nordpol herum; alles ist mit Eis und Schnee bedeckt und hier leben Eisbären

das Grasland: eine große Landfläche, die mit Gras bewachsen ist

die Jahreszeit: unterteilt das Jahr in verschiedene Wetterperioden

der Kontinent: eine der sieben großen Landflächen, die es auf der Erde gibt

die Koralle: Meerestiere, die sich nicht fortbewegen können und wie Pflanzen aussehen

das Korallenriff: eine Struktur, die von Meerestieren, den Korallen, aufgebaut wurde

künstlich: von Menschen geschaffen, z. B. Städte und Fabriken

das Meer: ein großes Gewässer mit Salzwasser

natürlich: von der Natur geschaffen, z. B. Wüsten und Gebirge

der Ozean: ein sehr großes Meer

der Regenwald: ein großer, dichter Wald in der heißesten Klimazone längs des Äquators; es regnet fast jeden Tag

die Stadt: ein Gebiet, in dem viele Menschen leben, mit vielen Gebäuden und Straßen, ein Dorf ist viel kleiner als eine Stadt

die Tropen: befinden sich in der heißesten Klimazone der Erde, oberhalb und unterhalb des Äquators

das Wetter: ein Zustand in der Atmosphäre, z. B. sonnig, windig oder regnerisch

der Winterschlaf: wenn Tiere bis zum Frühling den Winter durchschlafen

die Wolke: eine Ansammlung von vielen feinen Wassertropfen; diese Tropfen fallen als Regen auf die Erde

die Wüste: ein Gebiet, in dem es selten regnet

der Zugvogel: ein Vogel, der in verschiedenen Jahreszeiten in andere Teile der Welt zieht

Index

Antworten

Natürlich oder künstlich? (Seite 7): Künstlich: die Mütze, das Buch, der Knopf, der Becher
Natürlich: das Blatt, der Stein, die Feder, die Muschel
Flusstiere (Seite 13): a) der Otter, b) der Eisvogel, c) der Reiher, d) der Frosch, e) der Fisch
Korallenarten (Seite 17): a) der Seefächer, b) die Dornenkronenkoralle,
c) die Blasenkoralle, d) die Hirnkoralle
Unsere Welt – Quizfragen (Seite 27): 1. b, d; 2. a, b, e; 3. a) Nebel, b) Sonnenschein, c) Gewitter, d) Schnee
Suchspiel (Seite 28): die Meeresschildkröte S. 14; die Feuerwache S. 24; die Qualle S. 15;
der Bauernhof S. 7; der Ara S. 19; der Frosch S. 13; die Hirnkoralle S. 17; der Hai S. 15
Wo leben diese Tiere (Seite 28): 1. Wüste; 2. Antarktis; 3. Afrikanisches Grasland; 4. Ozean